Stormy
Das mächtige
Sturm-Einhorn.

Toxor
Er sucht nach den
drei magischen
Steinen
Centopias.

Kaiserin
Shuuba
Sie herrscht über
die Lotus-Insel.

Mo, Yuko und Onchao
Mias beste Freunde in Centopia.

König Raynor und Königin Mayla
Mos Eltern herrschen über die Hauptinsel Centopias.

Die Heldin von Centopia
Sie hat Toxor vor Jahren im Gruselbecken eingesperrt.

Das Geheimnis von Centopia

Das Erstlesebuch zum Film

Karin Pütz

Ravensburger

©2022 Studio 100 Media, Studio B Productions,
Broadvision Lizenz durch Studio 100, created by Gerhard Hahn

1 3 5 4 2

Text: Karin Pütz
Umschlaggestaltung: Produktmacherei, Stefanie Hahn
Inhalt: PrePressPro, Kirsten Küsters

Alle Rechte dieser Ausgabe vorbehalten durch
Ravensburger Verlag GmbH
Postfach 2460, 88194 Ravensburg

Printed in Germany
ISBN 978-3-473-49624-2
www.ravensburger.de

Inhalt

Gefahr für Centopia 9

Ein holpriger Anfang 11

Zurück in Centopia 19

Die Bruchlandung 23

Das Orakel 29

Drei Edelsteine 33

Eine gefährliche Reise 45

Das große Sturm-Einhorn 53

Der Kampf um den grünen Stein 61

Ein letzter Ausweg? 67

Das Gruselbecken 73

Ein neuer Freund 83

Abschied für immer? 89

Willkommen zu Hause! 95

Gefahr für Centopia

Viele Jahre lang war die Kröte Toxor
im Gruselbecken eingeschlossen.
Ein roter Edelstein versiegelte das
Becken mit einem Schutzschild.
Doch dann konnte Toxor den Schild
brechen. Den Rubin nahm er an sich.
Toxor ist nun frei und sehr wütend.
Er möchte sich an den Bewohnern
Centopias rächen. Er möchte sie
bestrafen, weil sie ihn
eingesperrt
hatten.

Ein holpriger Anfang

Mia ist sehr aufgeregt. Sie fährt mit ihrem Großvater zum alten Haus am See. Früher hat sie dort oft mit ihren Eltern Urlaub gemacht.

Aber vor drei Jahren sind beide bei einem Tauchunfall verschwunden. Seitdem hat Mia das Haus nicht mehr betreten. Sie hat in einem Internat gewohnt und die Ferien bei ihrem Großvater verbracht.

Mia vermisst ihre Eltern sehr.

Endlich sind sie da. Ihr Großvater parkt
den Wagen vor dem Haus. Es ist groß
und hat viele Fenster. Aber es sieht
auch alt aus und ein bisschen kaputt.
Am liebsten würde Mia gar nicht
aussteigen. Doch sie gibt sich einen
Ruck und folgt ihrem Großvater hinein.

Drinnen müssen sie erkennen: Hier wartet jede Menge Arbeit auf sie. Die Möbel sind staubig. Müll liegt auf dem Boden. Die Blumen auf der Fensterbank sind verwelkt.

Mit vereinten Kräften legen Mia und ihr Großvater los. Sie putzen und reparieren und sie tanzen sogar ein bisschen dabei. Nach einer Weile stellt Großvater den Besen in die Ecke. Er hat eine Idee: „Komm, lass uns eine Runde im See schwimmen. Wir haben uns eine Pause verdient."

„Geh ruhig allein", antwortet Mia. Hastig legt sie die Hand auf ihren Armreif. Der blaue Stein darin leuchtet.

Das passiert nur, wenn ihre magischen Freunde Hilfe brauchen.

Mia hat nämlich ein Geheimnis: Sie kann in das magische Land Centopia reisen. Mia verwandelt sich dann in eine Elfe.

Ihr Großvater weiß von alldem nichts. Als er weg ist, holt Mia das große rote Buch hervor. Es heißt „Die Legende von Centopia". Mit diesem Buch und ihrem magischen Armreif kommt Mia nach Centopia.

Als sie das Buch öffnet, leuchten darin
magische Zeichen. Blitzschnell kann
Mia die Zeichen lesen. Nun kennt sie
das neue Orakel.
Mia drückt auf den blauen Stein auf
ihrem Armreif und liest laut vor:
„Ein gewaltiges Unheil wird das Land für
immer zerschlagen, wenn nicht das Kind
aus fernen Landen und der neue Freund
drei Kostbarkeiten zusammentragen."
Lichtkreise umschwirren Mia und ihre
Verwandlung beginnt.

Da betritt ihr Großvater das Zimmer.
Er hat einen Picknick-Korb in der Hand.
„Schau mal, ich habe …"
Ungläubig reißt er die Augen auf.
Er kann nicht glauben, was er sieht.
Seine Enkelin löst sich vor seinen
Augen in Luft auf!
„Ich bin gleich wieder da", ruft Mia ihm
noch zu. Dann ist sie verschwunden.
Sie hat die unsichtbare Grenze nach
Centopia überschritten. Jetzt ist sie
kein Mädchen mehr, sondern eine Elfe.

Zurück in Centopia

„Es ist schön, wieder in Centopia zu
sein." Lächelnd blickt Mia sich um.
Da wird sie von etwas Großem gestreift.
Sie verliert das Gleichgewicht, stürzt
ab und landet in einem merkwürdigen
Luftschiff. Ein fremder Elf starrt sie an.
„Wo kommst du denn her?", fragt er
staunend.

„Das könnte ich dich genauso fragen!",
antwortet Mia.
Der Elf verschränkt die Arme vor der
Brust. „Ich heiße Iko. Ich soll Centopia
retten."
Mia stutzt. „Aber das ist meine Aufgabe!
Ich bin Mia." Sie macht einen Schritt
zurück und stößt gegen einen Hebel.
„Huch! Das wollte ich nicht."
Das Luftschiff fängt bedenklich an zu
schwanken.
Iko schiebt Mia beiseite und greift nach
dem Steuer. Doch es ist zu spät.
Mia hat aus Versehen zwei Tore hinten
am Luftschiff geöffnet. Ganz viele
Schwebebälle fliegen nun heraus. Das
Luftschiff sinkt. Erst ganz langsam,
dann immer schneller. Mia und Iko
stürzen ab!

Die Bruchlandung

Vor dem Elfenpalast in Centopia tobt eine wilde Party. Alle sind fröhlich und tanzen. Auf einer schwebenden Bühne steht ein Pult. Ein DJ legt dort Musik auf und feuert die Elfen an.
Auch Mias Freunde sind alle da. Pan **Phuddle** ist beim DJ auf der Bühne. **Yuko** und **Mo** tanzen zusammen mit **Onchao**. Das Einhorn hebt die Hufe im Takt.
König Raynor und **Königin Mayla** wirbeln über die Tanzfläche.
Sie sind Mos Eltern und herrschen über Centopia.

König Raynor und Königin Mayla
entdecken als Erste Ikos Luftschiff am
Himmel. Es kommt direkt auf sie zu!
Sie warnen die anderen Elfen gerade
noch rechtzeitig. Dann schlägt das
Luftschiff auf dem Boden auf.
Mia und Iko sind zum Glück unverletzt.
Flink klettern sie aus den Trümmern.

Onchao wiehert glücklich, als er Mia
sieht. Yuko und Mo eilen zu ihrer
Freundin.
„Was für ein Auftritt!", grinst Mo.
Iko verzieht keine Miene. „Ich muss den
König und die Königin sprechen."
König Raynor und Königin Mayla treten
mit ernsten Gesichtern auf ihn zu.
„Was ist los?", fragen sie besorgt.

Iko holt tief Luft und berichtet:

„Kaiserin Shuuba von der Lotus-Insel schickt mich. Toxor ist entkommen. Deshalb brauchen wir eure Hilfe."

„In den Palast!", ruft Königin Mayla erschrocken.

König Raynor wendet sich noch einmal an die Feiernden. „Die Party ist vorbei. Auf uns wartet eine wichtige Aufgabe!"

Das Orakel

Was Iko den Freunden erzählt, ist noch schlimmer als befürchtet: Mit verhextem Rauch verwandelt Toxor Elfen in Grundlinge ohne Flügel. Die Grundlinge müssen immer tun, was er sagt.
Die Elfen wollen Toxor unbedingt aufhalten, bevor er sie alle in Grundlinge verwandelt.
Mia überlegt. Das Orakel sagt ihr und ihren Freunden immer, was sie tun müssen. Leider ist es dieses Mal besonders rätselhaft. Mia wiederholt das Orakel für die Freunde:
„Ein gewaltiges Unheil wird das Land für immer zerschlagen, wenn nicht das Kind aus fernen Landen und der neue Freund drei Kostbarkeiten zusammentragen."

„Mit dem Unheil ist bestimmt Toxor
gemeint", sagt Yuko.

Mo deutet auf Mia. „Ja, und du bist das
Kind aus fernen Landen. Schließlich
kommst du aus einer anderen Welt",
erklärt er. Dann blickt er Iko an: „Dann
bist du der neue Freund. Aber was sind
die drei Kostbarkeiten?"

„Das werden wir herausfinden!",
ruft Mia kämpferisch. Sie und ihre
Freunde haben schließlich noch
jedes Rätsel gelöst!

Drei Edelsteine

Auf der Lotus-Insel schmiedet Toxor finstere Pläne. Er steht in seiner Höhle und hält den Rubin in seiner Hand. Nachdenklich betrachtet er den Edelstein. Dann winkt er einen seiner Grundlinge heran.

„Wie heißt du?", fragt Toxor.

„Glitch", antwortet der Grundling.

Toxor nickt. „Gut, Glitch. Du bist der größte und kräftigste Grundling. Greif mich an!", fordert er.

„Aber wieso?", fragt Glitch verwundert.

Toxor zeigt ihm den roten Stein und erklärt: „Hiermit werde ich deinen Schlag abwehren. Genauso wie es die **Heldin von Centopia** vor Jahren mit mir gemacht hat."

Glitch holt aus und schlägt zu.

Toxor kullert über den Höhlenboden.

Sofort ist Glitch bei ihm und hilft ihm auf.

„Wieso hat das nicht funktioniert?",
schimpft Toxor. Wütend bläst er seinen
giftigen Rauch auf den Stein.

Der Rubin beginnt zu leuchten.

Verwundert tritt Toxor näher an das
Gruselbecken in der Mitte der Höhle
heran. Das Wasser leuchtet genauso
rot wie der Stein.

Da passiert etwas Unglaubliches: Toxor kann plötzlich bis in den Elfenpalast von Centopia schauen. Mehr noch: Er hört sogar, was dort gesprochen wird.

Das muss die Wirkung des Edelsteins sein! Toxor spitzt die Ohren.

Weit weg im Elfenpalast tippt Iko gerade auf Mias Armreif. „Der stammt von der Lotus-Insel", stellt er fest.

„Nein. Meine Eltern haben ihn mir geschenkt", widerspricht Mia. Sie starrt den Armreif an. Der blaue Stein leuchtet.

„Wie kann das sein? Sonst leuchtet der Stein erst, wenn ich zurück nach Hause muss. Aber wir müssen doch Toxor besiegen", wundert sie sich.

„Schaut mal!", sagt König Raynor und
deutet auf ein Fenster des Thronsaals.
Im Fenster ist eine Kröte zu sehen.
„Das ist Toxor!", ruft Iko erschrocken.
Toxor beachtet den Elf nicht. „Ihr habt
auch einen Stein?", stößt er ungläubig
hervor.

In einem anderen Fenster ist ebenfalls eine Bewegung zu sehen. Ein Einhorn blickt neugierig zu den Elfen herein. Es trägt eine funkelnde Halskette. In der Mitte steckt ein grüner Stein. Er leuchtet. Mia stutzt, dann begreift sie: „Na klar! ‚Drei Kostbarkeiten' sagt das Orakel. Damit sind die Edelsteine gemeint! Wir müssen sie alle haben. Dann können wir Toxor besiegen!"

„Das werde ich nicht zulassen!", brüllt Toxor. Wütend schlägt er mit den Fäusten gegen das Fenster. Da schießt ein Blitz mitten hinein in Toxors Höhle. Er trifft die Kröte und wirft sie um.

Auch im Palast ist der Blitz zu sehen.
Danach sind Toxor und das Einhorn
verschwunden.

Onchao wiehert leise.

Mia spitzt die Ohren. „Er meint, das
könnte das Sturm-Einhorn gewesen
sein. Onchao nennt es Stormy",
übersetzt sie für ihre Freunde.

Mia versteht als einzige Elfe die Sprache
der Einhörner.

„Dann lasst es uns suchen!", drängt
Yuko.

„Aber was ist mit meinen Freunden auf
der Lotus-Insel?", fragt Iko.

Mia legt ihm die Hand auf den Arm und
sagt: „Wir sind ein Team. Zusammen
werden wir alle Elfen retten. Vertraue
dem Orakel."

König Raynor hat eine Entscheidung
getroffen: „Yuko und Mo: Ihr nehmt so
viele Elfen mit wie nötig. Haltet Toxor
auf der Lotus-Insel in Schach. So lange,
bis Mia und Iko vom Sturm-Einhorn
zurückkehren."
Alle sind einverstanden. Zum Glück
weiß Königin Mayla, wo das Sturm-
Einhorn lebt. Sein Zuhause ist eine
schwebende Insel über dem Ozean.
Das Einhorn lebt dort ganz allein.
Aber wie sollen Mia und Iko nur dort
hinkommen? Mia blickt zum Fenster.
Draußen fliegt gerade das Phuddelin
vorbei, das kunterbunte Luftschiff
von Pan Phuddle. Mia hat eine Idee:
„Das kommt ja wie gerufen!"

Eine gefährliche Reise

Phuddle hilft den Freunden gern. Schon kurze Zeit später hebt das Phuddelin ab. Mia, Iko, Onchao und Phuddle freuen sich auf das neue Abenteuer.

Leider sind nicht nur sie auf dem Weg zum Sturm-Einhorn. Auch Glitch ist mit ein paar Grundlingen unterwegs dorthin. Toxor hat sie in einem Luftschiff losgeschickt. Sie sollen den grünen Edelstein holen.

Kurz vor Stormys Insel treffen die Freunde und die Grundlinge aufeinander.

Phuddle versucht, mit dem Phuddelin auszuweichen. Aber es ist zu spät.

Glitch und die Grundlinge wollen das
Phuddelin kapern. Dazu werfen sie
Seile mit Haken hinüber. Bald steckt
das Phuddelin fest. Glitch und seine
Helfer ziehen es dicht an ihr eigenes
Luftschiff heran. Dann springen sie in
das Phuddelin und feuern Rauchkugeln
auf die Freunde ab.
Mia, Iko, Phuddle und Onchao wehren
sich, so gut sie können.

Da stapft Glitch auf Mia zu. Er packt
ihren Arm und löst den blauen Stein
aus dem Armreif.
Lautes Donnern ertönt, gefolgt von
einem Blitz.
„Nichts wie weg hier!", ruft Glitch
den Grundlingen zu.
Seine Leute gehorchen.
Sie lösen die Haken vom Phuddelin
und fliegen davon.

Aufatmen können Mia und ihre Freunde
trotzdem nicht. Ein kräftiger Windstoß
erfasst das Phuddelin. Die Wolken teilen
sich und ein riesiger schwebender
Felsen taucht auf.
„Achtung! Das muss Stormys Insel
sein!", ruft Iko warnend.
Phuddle dreht hektisch am Steuerrad.
Doch er verliert die Kontrolle. Das
Phuddelin streift den Felsen und stürzt
ab. Mit einem Krachen schlägt es auf
dem Boden auf.
Mia, Iko, Phuddle und Onchao werden
über Bord geschleudert. Sie kommen
schnell wieder auf die Beine. Aber das
Phuddelin ist kaputt! Das bedeutet:
Mia und ihre Freunde sitzen fest.

Außerdem hat Toxor nun auch den blauen Edelstein.

Das ist nicht so gelaufen wie geplant. Trotzdem macht Mia den anderen Mut. Sie sind hergekommen, um Stormys grünen Stein zu holen. Genau das werden sie tun!

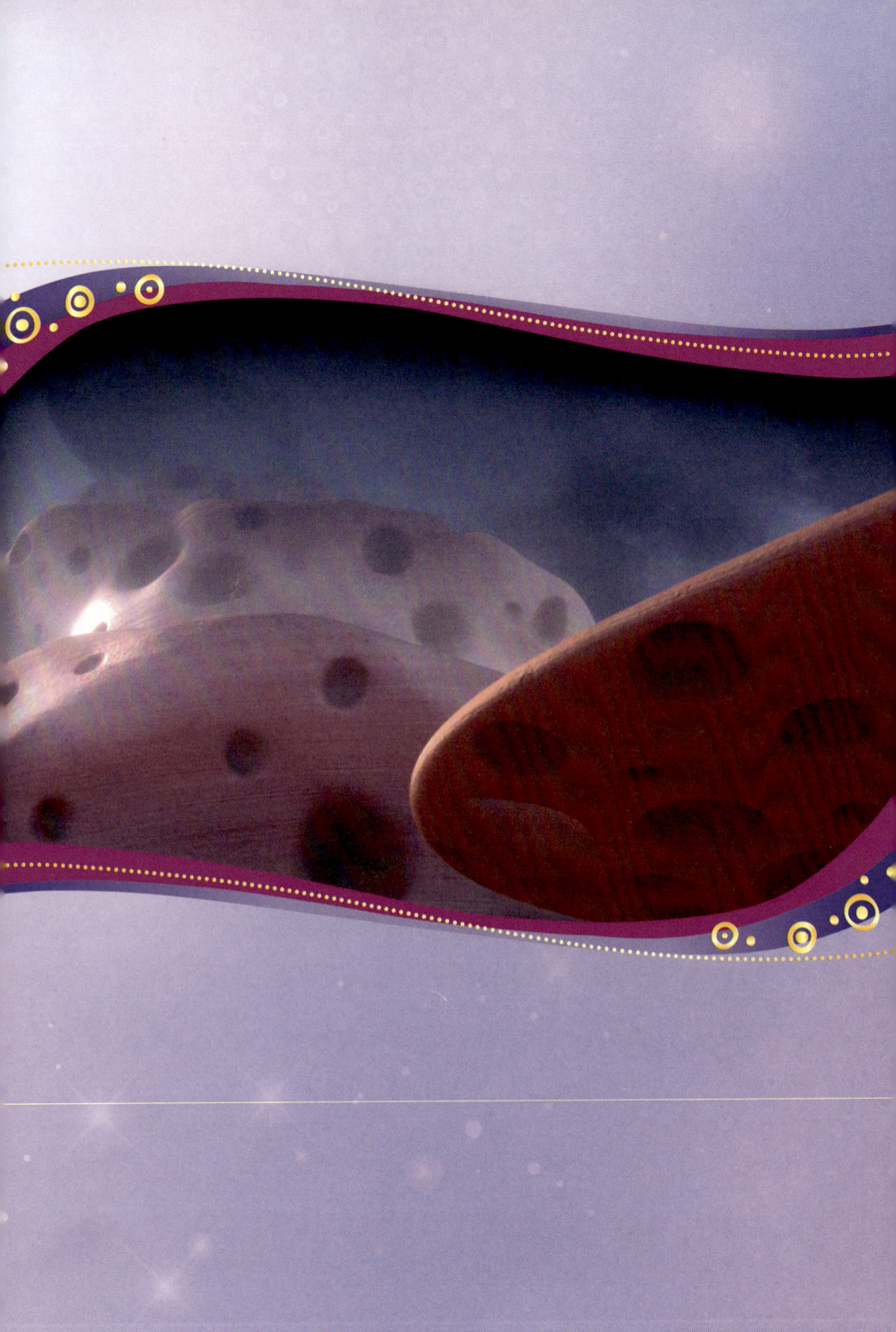

Das große Sturm-Einhorn

Seite an Seite fliegen Mia, Iko und
Onchao zum Gipfel des Felsens hinauf.
Phuddle sitzt auf Onchaos Rücken. Er
hat als Einziger keine Flügel.
Oben angekommen, sehen die Freunde
haufenweise Schmuck und Edelsteine.
Es funkelt und glitzert überall.
Da ertönt ein lautes Donnern. Ein großes
Einhorn fliegt direkt auf die Freunde zu.
Seine Miene ist grimmig. Blitze schießen
aus seinen Augen.
„Weg von meinen Schätzen!", schimpft
das Einhorn.
„Wir sind keine Diebe!", ruft Mia.

Iko starrt das Einhorn an und fragt:
„Du sprichst die Sprache der Elfen?"
„Natürlich! Ich bin das große Sturm-
Einhorn. Ich spreche viele Sprachen",
antwortet Stormy stolz.
Mia tritt näher an das Einhorn heran
und holt tief Luft: „Centopia steckt in
Schwierigkeiten. Deshalb sind wir hier.
Toxor ist zurück!"
Stormy erschrickt.

„Aber wir können Toxor besiegen.
Dafür musst du uns deinen grünen
Stein geben", erklärt Mia.
„Ausgerechnet den grünen? Gerade den
mag ich besonders!", sagt das Einhorn
traurig. Es erzählt den Freunden seine
Geschichte: „Vor einer Weile habe ich
aus Versehen auf eine Einhorn-Parade
geregnet. Ich bin weggelaufen. Ich hatte
Angst, die anderen Einhörner schimpfen
mich aus. Jetzt bin ich ganz allein."

Tränen kullern über Stormys Gesicht.
„Deshalb helfe ich euch. Ich würde alles
tun für Freunde wie euch."
Das Einhorn weint so sehr, seine
Tränen spritzen in alle Richtungen.
Und Stormy wird immer kleiner!
Er weint sich selbst leer.
Sofort sind Mia und Iko bei Stormy.
Tröstend streicheln sie seinen Kopf.
Mia hat eine Idee: „Komm mit uns
zur Lotus-Insel, Stormy. Wir brauchen
deinen grünen Stein, um Toxor zu
besiegen. Aber dich brauchen wir auch!"
Stormy macht einen Freudensprung.
„Worauf warten wir noch?", ruft er.
Fest schlägt das Einhorn seine Hufe
auf den Boden.

Prompt entsteht ein riesiger Regenbogen. Er reicht vom Felsgipfel bis
hinüber zur Lotus-Insel.
Wie auf einer Straße gleiten die Freunde
darüber hinweg.
„Wir kommen, Toxor!", ruft Mia.

Der Kampf um den grünen Stein

Toxor hockt in seiner Höhle auf der Lotus-Insel und ist bester Dinge. Bald hat er alle drei Edelsteine.

Er blickt auf, als Glitch in die Höhle stürmt.

Der Grundling übergibt Toxor den blauen Stein.

„Wie? Nur einer? Wo ist der grüne?", blafft Toxor. Er will Glitch anschreien. Doch die Worte bleiben ihm im Halse stecken. Toxor hat den magischen Regenbogen bemerkt. Die bunten Bogen scheinen ganz in der Nähe der Höhle zu enden.

Toxor schnappt sich ein Fernglas und blickt hindurch. Er kann kaum glauben, was er sieht: Das Sturm-Einhorn mit dem grünen Stein kommt zu seiner Höhle! Toxor grinst amüsiert. Das wird er sich nicht entgehen lassen!

Vor Toxors Höhle springen Mia und ihre Freunde von dem Regenbogen. Mia tippt zweimal auf ihren Freundschafts-ring. „Finde Yuko und Mo", sagt sie. Ein Schmetterling löst sich von dem Ring und flattert davon. Er wird Yuko und Mo den Weg zu Mia zeigen.
Plötzlich tauchen überall Grundlinge auf. Sie kommen von allen Seiten. Sogar ein Einhorn ist bei ihnen. Statt eines Horns hat es einen Haken auf der Stirn. Toxor sitzt auf ihm.

Gerade gibt Toxor den Befehl zum
Angriff: „Holt mir den Stein! Ich will
ihn zu den anderen Steinen in das
Gruselbecken werfen!"
Mia und ihre Freunde wehren sich, so
gut sie können. Dennoch stiehlt ein
Grundling Stormys grünen Stein! Iko
stellt sich dem Grundling in den Weg
und nimmt ihm den Edelstein wieder ab.
Doch dann trifft ihn eine Kugel aus
verhextem Rauch. Er hüllt Iko ein.

Als sich die Rauchwolke verzieht, ist
er ein Grundling geworden. Er wankt
zu Toxor hinüber und reicht ihm den
grünen Stein.
Toxor lacht schallend.
Da kommen Yuko und Mo angeflogen.
Kaiserin Shuuba ist bei ihnen. Alle drei
reiten auf riesigen Schmetterlingen.
Blitzschnell schnappen sie sich Mia und
Phuddle und schwirren davon. Onchao
und Stormy fliegen hinter ihnen her.
Das war Rettung in letzter Sekunde!

Ein letzter Ausweg?

Kaiserin Shuuba bringt die Freunde
zur Lotus-Stadt.

Mia ist den Tränen nahe: „Ohne Iko
können wir Centopia nicht retten. Er ist
doch ‚der neue Freund' aus dem Orakel.
Und nun hat Toxor alle drei Steine!"
Vergeblich versuchen Yuko und Mo die
Freundin zu trösten.

Kaiserin Shuuba drängt zur Eile:
„Yuko, Mo! Helft meinen Leuten und
verteidigt die Stadtmauer. Ich werde
Mia inzwischen etwas zeigen."

Shuuba führt Mia in einen Raum mit bunten Fenstern. „Dies ist die Halle der Helden", erklärt die Kaiserin. Mia schaut sich die Fenster an. Vor einem bleibt sie stehen. „Ist das Toxor?", fragt sie ungläubig.

„Ja, damals war Toxor weise und gütig",
antwortet Shuuba.
„Er sieht glücklich aus. Was ist
passiert?", fragt Mia.
„Er beneidet die Elfen um ihre Flügel.
Das hat sein Herz vergiftet", erklärt
die Kaiserin.

Das nächste Fenster zeigt eine Elfe.
Mutig stellt sie sich Toxor entgegen.
Shuuba lächelt: „Das ist die Heldin
von Centopia."
„Ihr Armreif sieht aus wie meiner!",
stellt Mia verwundert fest.
„Es ist deiner, Mia. Ich habe ihn für
die Heldin von Centopia gemacht",
antwortet die Kaiserin.

Mia überlegt: „Dann ist die Heldin meine Mutter?" Sie kann es kaum fassen.
„Genau. Du bist ‚das Kind aus fernen Landen'. Du wirst uns retten", sagt Shuuba mit fester Stimme.
Plötzlich ertönt ein Poltern. Die Grundlinge greifen die Lotus-Stadt an!
Shuuba führt Mia zu einer versteckten Tür und erklärt: „Hier kommst du unbemerkt aus der Stadt. Fliege zu Toxors Höhle und hole die drei Edelsteine. Toxor hat sie alle in das Gruselbecken geworfen. Aber sei vorsichtig: Das Gruselbecken wird dich täuschen wollen."
Mia schwirrt davon. Ihr ist egal, wie schwierig es wird. Sie wird sich dieser Aufgabe stellen!

Das Gruselbecken

Mia hat Toxors Höhle gerade erreicht
und schleicht hinein. Am Gruselbecken
bleibt sie stehen.
Mia nimmt all ihren Mut zusammen
und will hineinspringen.
Da hält sie jemand fest.
Mia erschrickt und schlägt um sich.
Sie trifft einen Grundling an der
Schulter. Er stürzt und schlägt hart
auf dem Boden auf.
Als Mia ihn sieht, reißt sie die Augen auf.
„Iko!", ruft sie überrascht.
Iko steht auf. Er schüttelt den Kopf.
Sein Sturz hat etwas in ihm verändert.
Die Erinnerung an Mia kehrt zurück.
„Erinnere dich: Wir sind ein Team!",
bittet Mia ihn.

Iko nickt und tritt zurück. Er sieht zwar
aus wie ein Grundling, trotzdem ist er
wieder auf Mias Seite.

Kopfüber stürzt sich Mia in das
Gruselbecken.

Tiefer und tiefer taucht sie hinab.

Irgendwann hält sie inne. Dichte
Schwaden wabern um sie herum.

Mia blickt an sich herab und stellt
verwundert fest: Sie sieht nicht
mehr aus wie eine Elfe, sondern
wie das Mädchen Mia.

Die Stimme einer Frau erklingt:
„Gib auf, Mia! Es ist vorbei."

„Nein! Ich muss Centopia retten!",
widerspricht Mia. Sie blinzelt.

Aber sie kann niemanden sehen.

Die Stimme redet weiter auf Mia ein:
„Diese Aufgabe ist zu schwer für dich.

Du wirst versagen. Alle deine Freunde haben dich längst vergessen."

Mia glaubt das nicht. Sie erinnert sich an ihren Großvater, an Onchao und Phuddle. Außerdem sind da noch Yuko, Mo und Iko.

„Ich bin nicht allein. Ich bin Mia. Ich schaffe das!", beharrt sie.

Aus dem Nebel um sie herum tauchen drei Edelsteine auf. Ein roter, ein blauer und ein grüner.

Mia greift danach. Als sie die Steine in ihren Händen hält, verwandelt sich ihr Aussehen erneut. Sie ist wieder die Elfe Mia.

Rasch paddelt sie nach oben. Doch kurz vor dem Ziel verlassen Mia die Kräfte. Sie sinkt wieder nach unten. Da hört sie ein Platschen.

Im nächsten Augenblick wird Mia nach
oben gezogen.

Als sie die Augen aufschlägt, liegt sie
auf dem Boden der Höhle.

Iko beugt sich über sie. „Mia!", sagt er

erleichtert und hilft ihr auf die Beine.
Überglücklich fällt Mia ihm um den Hals.
Dann zeigt sie Iko die Edelsteine.
„Wir haben es fast geschafft!", erklärt sie
und zieht Iko mit sich nach draußen.

Sie haben Toxors Höhle gerade
verlassen, da tauchen zwei Grundlinge
auf. Beide greifen zu ihren Waffen.
Weiter kommen die Grundlinge nicht.
Denn Stormy nähert sich mit kräftigen
Flügelschlägen. Das Einhorn ist wieder
groß und stark. Ein Blitz aus seinen
Augen streckt die Grundlinge nieder.
Stormy landet neben Mia und Iko.
„Auf dem Weg hierher habe ich ein
wenig aus einem See getrunken",
erklärt Stormy verschmitzt.
Iko klettert rasch auf den Rücken
des Einhorns. Dann brechen sie auf.
Ihr Ziel ist die Lotus-Stadt.

Ein neuer Freund

Der Kampf um die Lotus-Stadt ist
entschieden. Die Grundlinge führen
Toxor die Gefangenen vor. Es sind Mo,
Phuddle, Onchao und Kaiserin Shuuba.
Toxor läuft vor ihnen auf und ab. „Ha!
Ich habe euch besiegt!", ruft er stolz.
Da ertönt ein Donnerschlag.
Erschrocken fährt Toxor herum. Seine
Augen weiten sich, als er Stormy, Iko
und Mia sieht.
Die drei landen ganz in seiner Nähe.
Ohne jede Angst geht
Mia auf Toxor zu.
Sie zeigt ihm die
drei Steine in
ihrer Hand.

Toxor weicht zurück. „Was? Die gehören mir! Gib sie zurück!", verlangt er.

Natürlich denkt Mia nicht daran. Stattdessen folgt sie den Worten des Orakels. Dort hieß es: Mia und ihr ‚neuer Freund' müssen die drei Steine tragen. Also greift Mia nach Ikos Hand und hält sie fest.

Nichts geschieht.

Mia stutzt. Das Orakel irrt sich nie. Ist Iko also gar nicht der ‚neue Freund'?

Mias Blick fällt auf Toxor.

Er lacht höhnisch.

Sollte etwa er gemeint sein? Mia geht ein Licht auf: Die Elfen und Toxor müssen Freundschaft schließen. Erst dann kann Frieden sein!

Mia trifft eine mutige Entscheidung.
Sie kniet sich auf den Boden und hält
Toxor die Steine hin.
Gierig greift die Kröte zu.
Da geschieht etwas Unglaubliches: Die
Steine lösen sich in einem leuchtenden
Licht auf. Im nächsten Moment sind
Mia und Toxor von einem riesigen Ball
aus Licht umhüllt. Er ist so hell, dass
niemand von außen hineinblicken kann.

In seinem Inneren sind Mia und Toxor
ganz allein. Toxor will weglaufen. Aber
es ist, als stieße er gegen eine Wand
aus Gummi. Jedes Mal wird er zu Mia
zurückgeworfen.

„Gib der Freundschaft
eine Chance, Toxor!",
bittet Mia. Wieder
hält sie ihm die
Hand hin. Toxor ist
verunsichert. Doch
er fühlt die Wahrheit
in Mias Worten.
Vorsichtig schlägt er ein.

Da platzt die Lichtkugel! Sie setzt eine
gewaltige Energie frei. Wie eine Welle
schwappt das Licht über die Lotus-Insel
hinweg. Es heilt die Insel von Toxors
dunkler Magie: Grundlinge werden

wieder zu Elfen. Pflanzen und Tiere erwachen zu neuem Leben.

Glitch jubelt. Er ist froh, kein Grundling mehr zu sein. Iko geht es genauso.

Sie alle sehen wieder aus wie ganz normale Elfen.

Mia und Toxor stehen in ihrer Mitte.

Sie halten einander noch immer an den Händen. Auch Toxor hat sich verändert. Er lächelt freundlich. Seine Haut schimmert nicht mehr blau.

Stattdessen leuchtet sie in einem fröhlichem Pink.

Kaiserin Shuuba tritt vor. Mit feierlicher Stimme beginnt sie zu sprechen:

„Liebe Freunde. Begrüßt mit mir die neue Heldin von Centopia!"

Von überall ist Jubel und lautes Lachen zu hören. Dies ist ein glücklicher Tag!

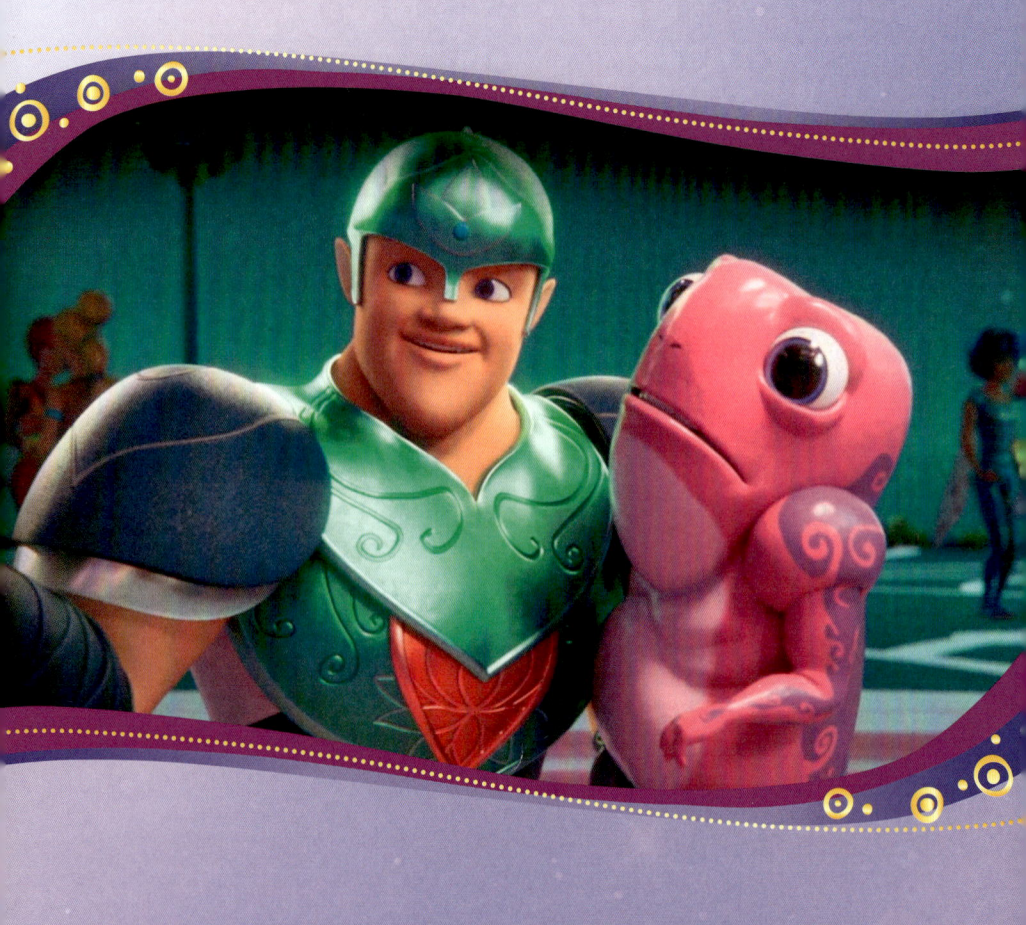

Abschied für immer?

Alle Bewohner der Lotus-Insel feiern ein großes Fest. Nur Mia steht etwas abseits und macht ein nachdenkliches Gesicht. Bei der Explosion der Lichtkugel sind alle drei Edelsteine zerplatzt.

Doch Mia braucht den Saphir. Nur mit ihm kann sie zwischen der Welt der Elfen und der Welt der Menschen wechseln. Mia hat Angst, ihren Großvater niemals wiederzusehen.

Phuddle ist Mias Traurigkeit nicht entgangen. Heimlich hat er alle Splitter des blauen Steins aufgesammelt. Gerade steht der Pan vor Stormy und zupft ihm ein Nasenhaar aus.

„Aua!", protestiert das Einhorn. Eine Träne kullert über sein Gesicht.

Phuddle öffnet seine Hand und lässt die
Träne auf die blauen Splitter tropfen. Sie
verschmelzen sofort zu einem Stein!
Der Pan jubelt. Einhorn-Tränen können
vieles heilen. Offenbar auch Edelsteine!
Phuddle flitzt mit dem reparierten
Saphir zu Mia. „Hier, der ist für dich!",
verkündet er stolz.
Mia traut ihren Augen kaum. „Danke!",
sagt sie überglücklich. Vorsichtig
steckt sie den Stein in den Armreif.
Er passt genau!

Nun sind auch Yuko, Mo, Iko und
Onchao aufmerksam geworden.
Neugierig treten sie näher.
Doch es gibt auch eine schlechte
Nachricht.
„Leider hat der Stein nur Kraft für eine
einzige Reise", sagt Phuddle leise.
Betroffen schauen die Freunde einander
an. Mia wird also nicht zu ihnen zurück-
kehren können!
Schweren Herzens verabschieden sich
alle von ihrer Freundin. Der Abschied
fällt ihnen unendlich schwer. Trotzdem
freuen sie sich für Mia, weil sie nach
Hause kann.

Toxor zupft verlegen an Mias Kleid.
„Danke für alles!", sagt er ernst.
Mia winkt ihren Freunden ein letztes Mal
zu. Dann drückt sie auf ihren Armreif.
Ihre Verwandlung beginnt. Mia verlässt
Centopia und kehrt heim in die Welt der
Menschen.

Willkommen zu Hause!

Augenblicke später ist Mia zurück im alten Haus am See. Sie ist in ihrem Zimmer. Ihr Großvater steht ein paar Schritte entfernt. Er schüttelt das rote Buch. „Gib mir meine Enkelin zurück!", brüllt er gerade.

Als er Mia bemerkt, erschrickt ihr Großvater. Er macht einen Schritt rückwärts und stolpert.

Sofort ist Mia bei ihm und hilft ihm auf. „Bist du okay?", fragt sie besorgt.

Ihr Großvater starrt sie an, als sei sie ein Gespenst. Seine Stimme zittert: „Mir geht es gut. Aber was ist mit dir? Ich habe einen Blitz gesehen. Dann warst du plötzlich weg."

„Das ist eine lange Geschichte", seufzt Mia. Sie hebt das Buch vom Boden auf und schiebt es auf die Kommode. Mia zögert kurz, dann legt sie auch ihren Armreif dazu.

„Was hältst du davon, schwimmen zu gehen?", fragt sie.

Ihr Großvater macht ein verdutztes Gesicht. Seit drei Jahren ist Mia nicht mehr im See gewesen.

96

Mia flitzt bereits los. „Wer als Erster im Wasser ist!", ruft sie übermütig. Kurz darauf planschen Mia und ihr Großvater fröhlich im See.
Centopia scheint unendlich weit weg. Doch das stimmt nicht. Pan Phuddle hat sich verrechnet. Der reparierte Saphir hat mehr Kraft als gedacht. Gerade eben beginnt er zu leuchten …